# ADRESSE

## AU

## CONGRÈS DE VIENNE.

PAR M. DE St.-L.

DE L'IMPRIMERIE DE A. BELIN.

## PARIS,

H. NICOLLE, A LA LIBRAIRIE STÉRÉOTYPE,
RUE DE SEINE, N°. 12.

M. DCCC. XV.

# ADRESSE

## AU CONGRÈS DE VIENNE.

---

Deux grands traits d'une importance égale, mais d'un caractère essentiellement opposé, frapperont, dans le tableau de l'Europe, à la fin du 18e. siècle, et au commencement du 19e.

Le premier montrera le génie de la guerre, un bandeau sur les yeux et la torche à la main, dépeuplant à la fois les chaumières et les trônes, détruisant la liberté des peuples, l'indépendance des Etats et foulant aux pieds la raison, l'amour-propre et l'intérêt, d'un bout de l'Europe à l'autre.

Le second signalera ce vœu des peuples pour une constitution sociale, qui les admette au partage des droits et des fonctions de leur propre Gouvernement. Les Rois, en désarmant le bras féodal, ont affranchi l'esprit humain ; il veut jouir de son émancipation, ils s'en sont fait aider, il demande son salaire.

L'Angleterre a montré la première, avec un grand éclat, les avantages d'un État social qui ne reste pas soumis passivement aux chances variables et successives du caractère et des qualités des dépositaires du pouvoir ; qui se met sous la tutelle de l'esprit et de l'intérêt commun ; qui appelle à la confection des lois et au tarif des sacrifices individuels, des voix prises de toutes parts, neutralisant leur intérêt privé, et ne pouvant ni espérer ni obtenir de succès en opposition avec le bien de la communauté. Les succès de l'Amérique du Nord ont donné de l'encouragement, montré la route, et l'imprimerie a fait le reste.

Ce fut un drame plus extraordinaire que dangereux, que ces grands succès militaires, ce despotisme armé promenant sa faulx sur toute l'Europe, comprimant par la terreur et repoussant dans les consciences cette passion nouvelle de l'esprit, cette tendance générale des peuples vers un système plus ou moins ami de la liberté. Le despotisme tout militaire de Napoléon, devoit succomber tôt ou tard ; d'abord parce que ses efforts avoient épuisé ses moyens, parce que son système le réduisoit à la nécessité de vaincre encore et toujours, pour n'être pas détruit par la vengeance, tandis que les peuples et la place alloient manquer devant lui, et que la géographie marquoit enfin la limite de sa course aveugle ; ensuite parce que l'orgueil se fait, en pure perte, un ennemi invincible et irréconciliable de l'amour-propre d'autrui ; et enfin parce qu'en arrachant à la fois le fils du pauvre de sa cabane, et le Souverain de son trône, il avoit armé contre lui l'universalité des ressentimens.

Mais à part ses abus, ses fautes et ses crimes ; ses succès militaires ne seroient jamais parvenus à étouffer cet autre caractère du siècle, cet esprit public, plébéïen, désarmé, mais vivace, lent, mais obstiné ; casanier, mais universel, qui sans cesse marche dans l'apparente inaction, et conquiert dans le silence. Les trophée de Napoléon ne seront qu'un épisode de mélodrame dans l'histoire de nos jours, et au lieu d'écraser l'esprit public, ils lui ont prêté l'énergie de l'indignation.

Les peuples et les trônes se retrouvent debout à sa chute, mais ni les uns ni les autres ne sont plus dans leur ancienne attitude. Les trônes ont montré l'insuffisance de leur puissance habituelle, dans cette grande crise, et les peuples dont il a fallu appeler au secours les passions en masse, paroissent ne pas vouloir retomber de cette *participation* importante, dans l'obéissance aveugle et la confiance oisive.

La réunion sur un même point de tous les

chefs des Gouvernemens de l'Europe, donne l'idée d'une toute-puissance, qui, comme la puissance divine, n'a qu'à vouloir; ce qui existe dans Vienne, c'est la souveraineté elle-même, sans limite et sans rivales.

Chaque Souverain posé dans le cercle de ses États, a fait ce qu'il a pu, s'il a appliqué toutes ses forces et toutes ses études à la prospérité de sa province; mais le Congrès de Vienne, en concentrant toutes les autorités, est revêtu d'une puissance générale dont les devoirs sont plus étendus. Il n'aura pas fait assez, il n'aura répondu ni à sa majesté absolue, ni à sa force, si ses œuvres n'ont pas un but continentalement public, s'il ne s'occupe pas de tous les Européens qu'il représente.

Le Continent, considéré comme une seule famille, demande à sa souveraineté des actes aussi étendus qu'elle et lui; des résultats dignes de la suprématie ( indéfinie dans les langues ) d'un sénat de tous les Rois; d'un sénat dont une heure de délibération généreuse, dont un seul décret peut améliorer dans son ensemble et dans tout son avenir, le sort de l'Europe.

Il demande une déclaration positive du droit de la guerre et des gens, un code du peuple à peuple, tant en état hostile que pacifique, tant sur mer que sur terre.

Mais surtout ce que ce sénat de Rois réuni à Vienne seul peut faire, ce qu'il est supplié de faire au nom de la paix, de la raison, de l'humanité, au nom même de leur repos personnel et de leur probité, c'est de désarmer tous ; c'est de remettre le Continent sur le pied militaire de paix où il étoit avant Charles VII, et de fixer le tarif de la force armée que chacun d'eux pourra seulement conserver pour le maintien du bon ordre et de sa puissance dans ses Etats ; c'est de mettre ce principe et ce tarif sous la protection sacrée d'une coalition morale, d'une ligue pacifique de tous les Gouvernemens, de tous les Souverains ; c'est enfin d'assurer, de marier le principe de l'état militaire, au petit pied en temps de paix, avec le principe de l'équilibre politique, et de les faire marcher de front dans les combinaisons et les surveillances de la diplomatie générale.

Et pourquoi ne seroit-il pas même établi que dans chaque Etat, il y auroit toujours une partie déterminée de la force armée, exclusivement réservée à la disposition du système de l'équilibre continental ? Au surplus, quant aux détails d'exécution, je ne me trouve pas le courage de braver le ridicule attaché aux faiseurs de projets; il semble cependant que la quotité de la population combinée avec l'étendue du territoire et quelques considérations de localités, donneroit les bases suffisantes des tables de proportion de la force armée de chaque Puissance. Chacun des Gouvernemens de l'Europe, qui ont montré tant d'habilité et de zèle à élever et augmenter successivement leur état militaire en temps de paix, dans la proportion au moins de celui de leurs voisins, trouveroit-il plus de difficulté à licencier qu'à recruter, à renvoyer des hommes dans leurs foyers, qu'à les en arracher souvent par force?

C'est vers le milieu du quinzième siècle que Charles VII, Roi de France, mort en 1461, introduisit le système des armées permanentes en temps de paix.

La permanence de la force armée a certainement servi la civilisation, elle a donné de la solidité et de l'unité au gouvernement des Nations, de la force à la loi, et à la police intérieure, de la sûreté à la propriété et à l'individu; c'est elle enfin qui a éteint l'anarchie guerroyante et éparse de la féodalité, au profit du gouvernement concentré de la Monarchie.

Mais en subjuguant ainsi le pouvoir tumultueux, l'indépendance et le libre jeu de la force individuelle sous la magistrature commune, en fondant ainsi l'ordre intérieur et la paix domestique, les armées permanentes exagérées à l'envi, ou par une vaniteuse émulation, ou même par de justes craintes, ont donné aux intrigues des cabinets, aux passions privées des Souverains, une force d'énergie qui en a fait sortir de grandes tempêtes publiques.

L'anarchie guerroyante n'a fait que changer de domicile; et comprimée sur la scène particulière de chaque État, elle s'est emparé de l'arène continentale. Les peuples ont été plus souvent tranquilles chez eux, mais ils ont été poussés en masse à des guerres plus longues entre eux, à des tueries plus nombreuses.

Sous le régime féodal, tous les propriétaires étoient armés et se faisoient personnellement justice; il n'y avoit que froissement, anarchie et souffrance. Sous le régime des armées permanentes, de ces légions innombrables non moins destructives de l'humanité par leur célibat, de la richesse, par leur oisiveté, que par leur action dans les batailles, l'ensemble des Etas du Continent a présenté le même tableau de déchirement que présentoit intérieurement chacun d'eux sous le régime antérieur, et l'Europe a été en état de guerre si constamment, que les intervalles de paix sont les plus courts épisodes de son histoire.

On avoit opposé la trève de Dieu à cette multitude de combats individuels, qui, dans les beaux jours de la féodalité, faisoit de l'état social de chaque peuple, un état de guerre civile perpétuelle; on a senti de même la nécessité d'apporter quelque frein à la guerre civile entre les Rois. On s'est élevé à l'idée de considérer tous les Gouvernemens, tous les peuples de l'Europe comme formant une seule famille.

Le système politique de l'équilibre entre les Puissances, est né et devoit naître de la crainte inspirée par les succès de la Puissance qui la première eut une armée en temps de paix.

Lorsque l'héritier de Charles VII conquit le royaume de Naples, les Souverains étonnés et intimidés se coalisèrent, et le vainqueur fut obligé de rentrer chez lui au bout de six mois.

Mais cette même ligue parvenue à son but, ne désarma point et n'obligea point la France à désarmer : là fut la faute. Au lieu de profiter du moment pour remettre toute l'Europe sur le pied de paix, tous les Gouvernemens, tous les peuples armèrent à l'envi, tout le sytème social fut dénaturé; on crut prévenir le mal en se faisant un état habituel du mal lui-même; on cria de toutes parts : *si vis pacem, para bellum.* On se soumit en temps de paix, à tous les sacrifices qu'entraîne la guerre. Le ver rongeur d'une fièvre continue fut choisi comme principe de santé.

L'époque actuelle verra-t-elle encore se renouveller la même faute? La coalition guerrière de l'Europe contre Buonaparte, a eu des succès complets; n'aura-t-elle pas de résultats plus civiques, ne profitera-t-elle qu'aux domaines des Souverains? Oubliera-t-elle les peuples, et voudra-t-elle sacrifier aux suggestions d'un égoïsme rétréci, l'esprit de générosité et de bienveillance générale qui caractérise la pensée du siècle ?

C'est bien vainement que le système de l'équilibre dans son allure actuelle, se flatte de garantir les Etats et de conserver l'harmonie entre eux; il a quelque ressemblance avec le principe gouvernant qui garantit l'ordre intérieur, mais cette ressemblance n'est qu'en surface. Si, dès l'instant qu'une collection d'hommes se réunit, qu'une horde s'arrête, qu'un peuple se case et s'assied, qu'un Etat se forme, il y faut un gouvernement, une puissance directrice et réprimante pour en maintenir le faisceau; ce gouvernement se forme en recueillant et pouvant employer les forces ou une portion des forces de tous pour dominer la force égoïste de chacun. Le Monarque, le

Gouvernement, est un être réel, positif, pourvu d'yeux, de bras, toujours en présence et en état, de prévenir ou d'atteindre l'infraction à l'ordre commun, la désobéissance à la loi publique; loin de laisser chacun des membres de la société exercer sans règles, sans convenance, ou même exagérer l'action de ses forces personnelles, il exige au contraire le départ d'une portion de la force de chacun pour en former la force publique qu'il représente et qu'il exerce. Le problême du maintien de l'ordre dans l'Etat est alors résolu autant qu'il peut être; la force coercitive et publique d'une supériorité, relativement exclusive, permanente, active et évidente, prévient les mouvemens qui rendroient nécessaire l'emploi de sa force réelle et comprimant par l'opinion, n'est que rarement obligée de contraindre par le fait.

Mais malgré l'apparence, le principe de l'équilibre politique diffère essentiellement du principe de Gouvernement, et dans son action et dans sa nature.

Dans son action, en ce qu'il est épars dans la pensée de tous les Souverains, en ce que le besoin de se concerter à de grandes distances, rend la détermination tardive et l'action molle.

Dans sa nature, en ce qu'au lieu d'exiger et

de réunir pour en former un pouvoir supérieur,
le sacrifice d'une partie des forces personnelles
et au moins des libertés de chaque Etat, il les
laisse les développer, les exagérer; en ce qu'il
provoque le nivellement à la hauteur de l'exagération, au lieu de rabaisser l'exagération au
niveau du simple besoin ; en un mot, en ce qu'au
lieu de tarifer et de réduire leur établissement
militaire en temps de paix, il les laisse l'étendre à
l'envi au gré de leur goût, de leur vanité et de
leur caprice.

Voyez comment s'est dirigé le pouvoir royal
vis-à-vis de la féodalité.

Il a fallu une succession de plusieurs hommes
habiles et de plusieurs siècles pour subjuguer,
sous le sceptre, les forces multiples des barons
et des grands; les Rois ont réussi cependant,
parce qu'ils ont recueilli et conservé scrupu-
leusement le pouvoir qu'ils ont successivement
enlevé à leurs grands vassaux, parce que chaque
conquête de ce genre leur a fourni de nouveaux
pouvoirs, d'y en ajouter d'autres; l'avantage a
dû rester du côté de la puissance, constante,
toujours en présence, toujours active, univoque,
ne craignant pas de désertion et surtout désarmant l'ennemi.

Les vices naturels de la féodalité, la divergence des intérêts, des caractères et des talens se retrouvent, il est vrai, dans le collége des Souverains, comme dans l'ensemble des grands vassaux; mais le système de l'équilibre n'a ni la valeur, ni l'action du pouvoir monarchique, il n'en a pas l'œil qui voit partout, il n'en a pas le bras qui se déploie à l'instant, il n'en a pas l'unité, la solidité, la personnalité indivisible. Lorsque la discorde se mettoit entre les grands vassaux, c'étoit au profit du pouvoir royal; lorsqu'elle se met entre les Rois, c'est toujours au péril de l'équilibre. Un héritage, un mariage, l'inégalité des talens ou l'énergie du caractère d'un Souverain ou d'un Ministre, enfin, une seule désertion d'un des plateaux de la balance dans l'autre, suffit pour détruire cet équilibre; il ne reste alors de ressources que dans les lentes combinaisons, les écritures froides et formalistes de la diplomatie, et, en dernière analyse, que dans l'emploi des baïonnettes. Alors une combinaison de la raison, une pensée est remise à la discrétion de ce qu'il y a d'hommes moins sages, de ce qu'il y a d'événemens plus hasardeux; les baïonnettes protectrices de l'ordre troublé, se réunissent toujours trop lentement, arrivent toujours trop tard; et enfin, si elles réparent le mal, elles ne le préviennent pas.

Et si elles ne le préviennent pas, si le système de l'équilibre est dépourvu précisément du pouvoir qui prévient par l'évidence de sa force supérieure, s'il ne réprime pas utilement par l'action assez immédiate de cette force, s'il manque ainsi le but de son institution, la cause en est dans la permanence des grands armemens des Puissances en temps de paix ?

Objectera-t-on que les armemens exagérés des Puissances se neutralisent mutuellement parce qu'ils sont également exagérés et en quelque sorte équilibrés eux-mêmes ?

Mais d'abord, s'il en est ainsi, c'est donc en pure perte même pour eux qu'ils sont exagérés. Dans la vérité, ils sont en rivalité, et si vous voulez en équilibre, pour nuire également, pour ruiner également, tant que cet équilibre subsiste ; mais si la fortune déjoue un seul instant cet équilibre, ils enfantent alors des désastres, ils ravagent, ils écrasent.

La victoire d'une petite armée ne peut jamais être suivie d'un envahissement considérable et durable ; l'étendue du territoire à prendre ou à conserver, détruit ou au moins énerve la force victorieuse en l'éparpillant ; le nombre des conquérans ne se trouve pas en proportion avec la population et l'étendue de la province conquise ou convoi-

tée ; l'équilibre aura du temps alors pour cher-
cher à se rétablir , pour s'opposer à des progrès
ultérieurs ; mais il n'en est pas de même des suites
de la victoire d'une armée de deux ou trois
cent mille hommes ; elle inonde le pays vaincu ,
elle le couvre, elle le balaie ; la peuplade conquise ne se trouve plus dans aucune mesure avec
l'armée envahissante ; les succès de l'armée victorieuse sont d'autant plus grands , d'autant plus
solides , que le Gouvernement vaincu s'étoit plus
énervé, plus épuisé, avant le danger même, pour
former et entretenir sa grande armée battue ; et
cette Puissance qui naguère imposoit avec cette
grande armée, paroît, aux yeux de l'Europe éton-
née , s'évanouir en un seul jour. Hier les suites
de la bataille d'Jéna, les succès, les revers même
de Napoléon, en ont été un exemple. Et que ne
peut-il pas arriver, si, comme nous venons de
le voir, le vainqueur renouvelant le système des
Romains, n'attend ni la paix, ni les traités, ni la
soumission pour s'approprier le peuple vaincu ;
s'il l'oblige à grossir ses phalanges, et conquis, à
propager ses conquêtes. Il ne restera plus alors
de remède que dans une croisade générale et
furieuse de vingt peuples divers, comme nous
venons de le voir encore. Quel remède ! et voilà
les fruits et les résultats des grandes armées.

Qu'on n'objecte pas non plus que les armemens en temps de paix, des Puissances protectrices de l'équilibre politique , étant eux-mêmes
réduits, n'auroient plus rien d'imposant et ne
suffiroient pas pour réprimer la puissance dés-
ordonnée ou réfractaire. Il est évident que la
réunion de la majorité de ces armemens réduits,
auroit une supériorité relative suffisante sur celui de l'individualité en opposition. Sans doute
il peut arriver que l'opinion de la prépondé-
rance en force de la majorité coalisée, ne suffise
pas pour prévenir et comprimer; il peut arriver,
et il arrive trop souvent, que la raison et la
justice ont besoin d'être secondées par la force,
qu'en dernière analyse la guerre devint le seul
moyen qui restât à la coalition générale elle-
même pour faire rentrer dans ses justes limites,
l'ambitieux qui voudroit les franchir ou qui en
seroit sorti ; mais alors les forces restant toujours
dans la même proportion relative , quoique ré-
duites, les chances de succès en faveur du système gardien de l'équilibre, resteroient aussi
les mêmes que dans l'état commun des grands
armemens ; seulement les luttes deviendroient
moins homicides , les succès de la victoire moins
désastreux, et les peuples ne seroient plus obli-
gés de s'armer tous entiers , pour repousser le

foible vainqueur. La question se réduit à savoir si l'état de guerre est un passe-temps intéressant et profitable, ou si c'est un mal quelquefois obligé ; hé bien, si la guerre n'est qu'un remède douloureux contre la guerre elle-même, dimi-nuez les moyens et les chances d'agression, et vous n'aurez plus besoin de vous épuiser, de vous ruiner pour opposer des moyens égaux de défense.

Il n'est point de professions où chacun de ses adeptes ne fasse tous ses efforts pour donner à son art, le plus d'importance et le plus d'acti-vité possible ; le point d'honneur donne sans cesse à la profession militaire une grande aversion pour l'oisiveté ; le peu de crédit attaché à cette profession lorsqu'elle reste oisive, augmente cette aversion ; et cet esprit de corps essentiellement opposé au repos et à la prospérité du reste du corps politique, a d'autant plus d'influence dans l'Etat et sur les démarches du Gouvernement, que ce corps est plus nombreux ; la puissance du nombre ajoute encore au crédit que donne aux tribuns militaires l'avantage de composer essentiellement la cour des Souverains, de les entourer exclusivement et éternellement, et ce crédit peut aller jusqu'à substituer l'orgueil exi-geant, le mépris outrageux à la justice du sentiment de l'indépendance de l'Etat, et l'agression odieuse aux justes mesures de sa conservation. Tout Souverain qui a une grande armée prête, ruineuse et inactive, est plus tenté d'en faire payer la dépense à ses voisins, plus porté, quelle que soit sa morale et son caractère, à rallumer la guerre ; il y est plus constamment poussé par cette armée même.

Il résultera donc inévitablement deux choses, de la réduction de toutes les armées au pied de paix suivant un tarif qui conserve la force armée suffisante pour maintenir l'ordre public, et de la garantie de ce tarif pour toutes les Puissances coalisées.

L'une, que les guerres seront beaucoup plus rares, par la suppression de la possibilité d'attaquer à l'imprévu, en faisant mouvoir avec rapidité un grand superflu de force militaire oisif et impatient ; qu'ainsi les guerres moins faciles, moins fréquentes, seront encore moins meurtrières par la diminution du nombre des baïonnettes opposées.

L'autre, qu'à l'esprit guerroyant et aventurier dont presque toutes les Cours de l'Europe portent l'uniforme, et qui leur donne l'apparence d'un état-major en sémestre, succédera naturellement l'esprit pacifique et civil, l'esprit po-

litique , l'esprit de famille et de gouvernement.
Enfin, que l'esprit s'emparera du trône de la
force , et la tête , de l'importance du bras.

Déjà cet esprit anime toutes les sociétés, se
montre dans les Gouvernemens, et ne demande
pour diriger pacifiquement les destinées des
hommes , que d'être affranchi ou du moins pro-
tégé contre son rival , l'esprit militaire.

En effet, jetons un coup d'œil sur l'état de
l'Europe : partout les Souverains cherchent à
porter le peuple au travail, parce que le travail
d'un homme produit plus qu'il ne consomme,
sans quoi l'état social ne dureroit pas , parce
que le soir d'un jour où tout un peuple a tra-
vaillé , il y a quelque chose de plus à l'usage de
chacun , et dans l'ensemble, au profit de la richesse publique; partout ils veulent donner au
peuple plus de goût pour le travail, en augmen-
tant son goût pour les jouissances, par l'échange
du produit de ses travaux, contre le produit
d'autres travaux faits par d'autres hommes ou
d'autres peuples. Ce commerce, cet échange
nécessaire ou agréable de tous les travaux et
de tous les produits des différens peuples, mine
les préjugés et les aversions nationales, tend à
réunir toute l'Europe en une seule famille, par
le lien de la dépendance ou de l'utilité mu-

tuelle ; partout le Gouvernement aide le peuple à s'instruire, afin que, plus habile, il en travaille mieux et produise plus ; afin que, plus éclairé, il sente mieux les avantages de l'ordre public ou de la probité réciproque. De toutes parts, les succès de l'instruction la propagent, et il y a une imprimerie à Constantinople. Partout se multiplient les chemins, les ports, les défrichemens, les ateliers, les enseignemens gratuits et publics ; enfin partout en Europe, les connoissances utiles se sont multipliées et répandues, les produits de la terre et du travail se sont accrus, et par suite la jouissance et le bien-être individuel : partout la civilisation épure et étend ses progrès, et tandis que la servitude de la glèbe disparoît de la Vistule au détroit de Gibraltar, la civilisation a déjà transporté quelques-uns de ses bienfaits par-delà le Niémen, jusqu'aux frontières du Kamchatka. Et que seroit-ce, si cette marche dans la ligne de la raison et de l'humanité, n'avoit pas été si obstinément interrompue et détournée par le système des grandes armées permanentes ? que seroit-ce s'il n'avoit pas existé depuis si long-temps, s'il n'existoit pas encore deux millions d'hommes au moins sur la surface de l'Europe, qui du matin au soir consomment le produit du travail d'autrui, dans une parfaite immobilité, ou font bien plus de mal encore quand ils se meuvent ?

Si les espérances morales, si les vœux en faveur de la foible humanité ne sont pas condamnés à n'être que des illusions; le seul moyen qui puisse donner quelque efficacité au système pacifique de l'équilibre entre les puissances, qui puisse lui donner la force de présider le collége des Souverains, comme chaque Souverain préside le collége de ses nobles; c'est d'abord une coalition *ad hoc* de tous les Souverains de l'Europe, un pacte net, clair, précis et public, un engagement mutuel sans réserve, sans articles secrets, toute ambition, tout orgueil à part, à part aussi ces jalousies, ces haines de la prospérité étrangères qui rappellent le lit de Procuste, un engagement, dis-je, de garantir, tous et ensemble, le pouvoir et l'état de chacun.

Il faut qu'un pareil pacte de famille n'ait pas de voisins qui lui restent étrangers, ne laissent pas de Souverains en dehors. J'entends dire que le Congrès de Vienne s'occupe de former cette union fédérale au-delà du Rhin, dans l'intention d'en faire la sauve-garde du nord de l'Europe. Certes alors le midi, ceintré au nord par l'Allemagne, sur ses ailes par l'Angleterre et l'Italie germanisée, et au midi même par Malthe et Gibraltar, ne paroîtra plus en mesure de lui être dangereux ; toutefois le Congrès de Vienne feroit une faute, s'il ne laissoit pas entrer les puissances du midi dans ce pacte des Souverains. Il y a dans ce midi deux nations qu'il ne faut humilier ni croire mortes, et qui seroient d'un puissant secours au premier mécontent, au premier déserteur de l'union Germanique.

C'est ensuite de remettre l'état militaire de chaque puissance, sur le plus petit pied possible de paix, pour rendre ainsi les écarts et les défections ou moins faciles ou moins dangereuses.

Et pourquoi le Congrès de Vienne ne porteroit-il pas ses œuvres à ce haut degré de bienfaisance, d'humanité et de noblesse ? Ce n'est pas une chose bien digne, bien difficile, que de se partager l'héritage d'un mort. Ce ne sera pas un acte qui provoque les bénédictions des hommes que celui qui changera les limites et l'empreinte des monnoies de quelques provinces.

Mais si le Congrès de Vienne, si ce Sénat de Rois, si cet aréopage de tous les chefs de la fafamille Européenne, veut mériter des éloges nouveaux et cette fois sincères, s'il veut fortifier la prérogative souveraine de l'opinion des peuples, de cette opinion dont l'insurrection vengeresse vient de montrer l'énergie et la puissance, qu'il fonde la paix publique, qu'il décharge l'Europe du fardeau de ces armées stériles et dangereuses ; que de par le Congrès de Vienne il n'y ait pas une maison, pas un simple toit en Europe où les hommes laissés à leurs familles, à leurs affections, à leurs travaux naturels, ne fassent tous les jours l'apothéose des Césars ; enfin que de par le Congrès de Vienne, la population et la durée de la vie humaine ne connoissent plus d'autres limites que celles de la nature.

C'est une question oiseuse que celle de savoir si la population ne peut pas devenir excessive. Elle est résolue cette question, si nul n'a le droit de la résoudre, de se croire plus sage que la nature elle-même, de prétendre empêcher les hommes de naître, ou de les faire s'entre-détruire. Parlez de bonne foi, défendez-vous le système des grandes armées permanentes comme une ressource pour arrêter la population ou la diminuer ? prétendez-vous avoir trouvé un supplément à la rareté de la peste et de la famine ?

Eh ! quelle est votre inquiétude ? L'Archipel grec, la partie de l'Europe asiatique ou voisine de l'Asie, les rives de l'Afrique, l'Amérique entière du nord au midi, n'offrent-elles pas un champ assez vaste pour épancher le trop plein de la population de l'Europe, après que toutes ses terres incultes auront été défrichées, tous ses marais desséchés, toutes ses forêts sauvages éclaircies et cultivées ? La beauté du climat, la fertilité de la plupart des pays encore peu ou point habités, accusent sans cesse et sans réplique la déperdition d'hommes causée par les guerres de l'Europe et la permanence de ses armées célibataires.

Le désarmement en temps de paix ne sera point une innovation, et ne peut paroître une idée chimérique, qu'à l'homme qui ne se souvient que d'hier et ne regarde qu'autour de lui. Cet état de choses a été celui de l'Europe pendant quinze siècles, et l'ordre des choses contraire ne subsiste que depuis trois. Ce nouvel ordre de choses a été utile, a fondé le gouvernement central et civil ; mais celui-ci n'en a plus besoin pour se maintenir. La défaveur de l'opinion est aujourd'hui le seul ennemi intérieurement dangereux pour les Gouvernemens, le seul qu'il faille gagner ou prévenir. Malheur à la longue au Gouvernement à qui une force militaire immense et disproportionnée donneroit seule de la sécurité. La base d'un trône qui n'est composée que de baïonnettes, est bien mobile et bien peu solide.

Au contraire, il est un service bien autrement évident, que leur désarmement rendroit aux

Souverains eux-mêmes sous le rapport de leur personnalité; c'est leur état militaire permanent et exagéré qui les a ruinés tous, et qui les ruinera sans cesse. Il n'y en a pas un aujourd'hui en Europe, et il faut bien l'avouer, lorsque le cours du change et de la bourse le proclament tous les matins, qui ne soit en état de banqueroute. Il n'y en a pas un qui dans son épuisement réel ne soit obligé, pour faire mouvoir d'un pas toutes ces phalanges dorées, d'aller mendier les secours d'un comptoir, et tous les héros de l'Europe sont à la discrétion et aux gages de ses banquiers. Ce sera un bienfait apprécié par leurs nobles sentimens, que le système des armées au petit pied, qui affranchira les Souverains de la dépendance de l'argent, de la dureté de ce crédit qui fuit d'autant plus qu'il est nécessaire, enfin qui leur rendra la probité possible. Que les Puissances ouvrent donc les yeux. Elles croient que leurs grandes armées protègent leur prérogative : c'est une véritable erreur. Les grandes armées, par le circuit de la détresse en finance dans laquelle elle les plonge et les retient sans cesse, attaquent leur considération, gênent la liberté de leur mouvement, compromettent la dignité de leur attitude et de leur parole, et sapent le principe et la nature du pouvoir souverain. L'appareil de la force énerve ainsi la force intérieure réelle. Tout prince endetté ou dans le besoin continuel d'argent, descend à compter avec ses sujets ou ses créanciers, et ces comptes introduisent dans la Monarchie un esprit de contrôle qui mine la nature du gouvernement. C'est par une suite de cette mauvaise position que nous avons vu la plus illustre maison royale éprouver de si longs et si épouvantables malheurs.

C'est un noble rôle sans doute que celui d'ambassadeur, veillant au profit de son pays, sur les intentions et les démarches d'une cour étrangère : mais combien ce rôle seroit plus noble et plus utile, si son premier devoir étoit de veiller à ce que le tarif militaire ne fût pas interverti, à ce que l'établissement sur le pied de paix fût religieusement respecté ; il seroit alors le véritable tuteur, le véritable gardien de la paix publique et du bonheur privé ; il seroit la première, la plus digne et la plus morale des fonctions publiques.

*P. S.* Au premier moment où l'objet de cette Adresse s'est emparé de ma réflexion, je m'en suis laissé éblouir ; les raisons et les motifs se pressant, se développant en foule sous ma plume, ont soutenu mes espérances, out donné à ma pensée l'autorité de la conviction, à mon travail l'obstination courageuse de l'homme qui dit vrai, et je n'ai éprouvé de crainte que celle de ne pas arriver à temps ; mais je viens d'en essayer l'effet sur un ami vieilli dans le monde et dans les affaires. « Je me transporte, m'a-t-il dit, » dans les rangs à qui vous adressez la parole, je » n'y trouve que froideur et dédain, j'y vois le » regret du temps donné à la lecture de cette » Adresse, si elle est lue, ou cette lecture effacée » par la préoccupation de l'orgueil, de l'ambi- » tion ou de la personnalité ; le ton et les mœurs » des Cours préféreront toujours l'esprit et l'ap- » pareil militaire qui éblouit ou intimide, à » l'obscure méditation qui travaille en silence, » protège modestement et sert sans éclat. Com- » ment pouvez-vous conserver encore de ces » illusions à votre âge ? Renoncez-y et gardez » le silence. »

Toutefois ~~cependant~~ je ne puis me laisser décourager par cette observation, plus morose peut-être que juste.

L'autorité de la vérité peut être lente à s'éta-blir, mais elle s'établira, et plus elle a de luttes à soutenir avant de triompher, plus tôt doit-elle engager l'action et se montrer dans l'arène. De-puis trois siècles seulement le système de l'équi-libre entre les Puissances est né, s'est agrandi et

est devenu enfin le principe central de la diplomatie européenne. Si ce principe, dont la vigueur
n'est pas proportionnée à l'ambition, n'a pas fait
tout le bien qu'il s'est promis, il en a fait un peu
cependant, et celui qui l'a pensé le premier a
bien mérité des hommes. Pourquoi le système
du désarmement en temps de paix, plus prati-
cable, plus pressant, ne feroit-il pas secte de
même, ne deviendroit-il pas un mot de rallie-
ment ?

Aujourd'hui la réunion de tous les Rois dans
Vienne, inouie dans l'histoire, inespérable dans
l'avenir, est une circonstance si favorable, et pour
ainsi dire si impérieuse, qu'elle semble amenée
par la providence pour mettre leur religion à
découvert et à l'épreuve. Ils ont détruit une
tyrannie odieuse aux peuples comme aux rois,
ils promettent la paix au monde, ils veulent
réorganiser l'état politique du continent ; mais
point de paix réelle et durable, point d'organi-
sation politique solide, si à l'issue du Congrès
chaque Puissance conserve encore ses armées
innombrables et ruineuses. Il y va de l'intérêt
même de la prérogative des Souverains ; elle est
attaquée plus dangereusement par le besoin
d'argent et les actes de mauvaise foi, qui nais-
sent toujours de la détresse en finance, qu'elle

ne seroit long-temps protégée par la force armée, s'il falloit la mettre aux prises avec l'intérêt et l'opinion publique. Oui, c'est la vérité, que le licenciement des armées actuelles exagérées des Puissances, qu'un nouveau tarif de leur force armée pour l'avenir, est une mesure également sollicitée par l'intérêt des trônes comme par l'intérêt des peuples, et tout à la fois royale et populaire, humaine et politique, économique et généreuse. Au surplus, ce qui leur est demandé, non dans aucun intérêt personnel, mais dans l'intérêt de tous les hommes, les Souverains réunis le peuvent; ils peuvent aussi ne le pas vouloir; mais ils ne pourront dissimuler qu'ils ne l'ont pas voulu.